LAS PLANTAS COMENZARON A CRECER EN TIERRA
HACE 470 MILLONES DE AÑOS

LOS PRIMEROS REPTILES
EVOLUCIONARON
HACE 312 MILLONES DE AÑOS

LOS ANFIBIOS LLEGARON REPTANDO A LA TIERRA
HACE 380 MILLONES DE AÑOS

LOS PRIMEROS VERTEBRADOS APARECIERON
HACE 525 MILLONES DE AÑOS

INTRODUCCIÓN

Los seres humanos como tú o yo han poblado la Tierra desde hace 200 000 años, y sus antecesores ya existían más de 2 millones de años antes. Aunque resulte difícil concebir semejante cantidad de tiempo, en el planeta Tierra sucedieron muchísimas cosas en los más de *4000 millones* de años que transcurrieron antes de que apareciésemos.

Hubo erupciones volcánicas colosales que inundaron el aire de una niebla tóxica.
Unos dinosaurios mortíferos habitaron el planeta y todos los continentes estuvieron unidos en uno solo.
Hubo glaciaciones y meteoritos, monstruos subacuáticos y lagartos voladores.

Desde luego que la Tierra era un lugar muy distinto en esa época.
Pero ¿qué fue exactamente lo que sucedió durante todos esos años?

¡Vamos a averiguarlo!

EL BIG BANG

En un principio, todo nuestro universo se reducía a un punto diminuto, más pequeño que el punto final de esta oración. Más pequeño que cualquier cosa que hayas visto jamás. Ese punto contenía tantísima energía caliente y densa que explotó y dio lugar al acontecimiento más importante de todos los tiempos: ¡EL *BIG BANG*!

En una fracción de milisegundo, se creó la materia.
Donde antes no había nada, se había formado nuestro universo.

PRESENTE

EL UNIVERSO

Electrones, neutrones y protones; todos ellos se unieron y formaron los ladrillos de nuestro universo: los átomos. El más sencillo era el átomo de hidrógeno, con tan solo un protón y un electrón.

NEUTRÓN
PROTÓN
ÁTOMO
ELECTRÓN

Los átomos se combinaban y, al volverse más grandes, emitían luz y calor. Algunos de ellos llegarían a convertirse en estrellas, y estas, a su vez, en galaxias. Las galaxias son conjuntos de miles de millones de estrellas, e hicieron falta millones de años para que se formasen.

SOL

Nuestro Sol y los planetas que orbitan a su alrededor se crearon casi al mismo tiempo, a partir de átomos sobrantes de otras estrellas ya agotadas.

NEPTUNO
SATURNO

MARTE

URANO
VENUS
JÚPITER
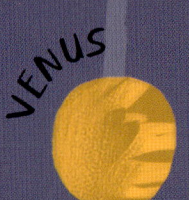
TIERRA
MERCURIO

CRONOLOGÍA

  LAS ESTRELLAS Y GALAXIAS COMENZARON A FORMARSE 200 MILLONES DE AÑOS DESPUÉS DEL *BIG BANG*

 NUESTRO SOL SE FORMÓ HACE 4600 MILLONES DE AÑOS

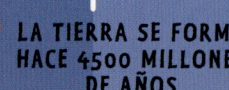 LA TIERRA SE FORMÓ HACE 4500 MILLONES DE AÑOS

PLANETA TIERRA

Cuando la Tierra acababa de formarse, hace 4500 millones de años, no se parecía en nada al planeta que habitamos hoy en día. En lugar de agua y tierra, la superficie estaba cubierta de lava volcánica incandescente. ¡Cómo quema! Y en lugar de los días de 24 horas que tenemos ahora, el planeta rotaba tan rápido que cada día duraba tan solo 4 horas.

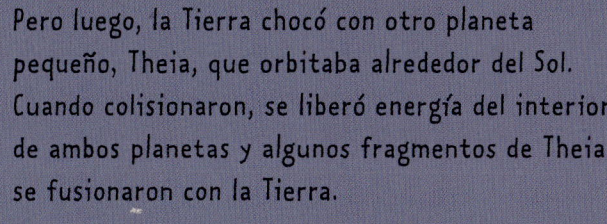

VÍA LÁCTEA

Nuestra galaxia, la **VÍA LÁCTEA**, se formó unos **200 MILLONES DE AÑOS** después del *Big Bang*.

Pero luego, la Tierra chocó con otro planeta pequeño, Theia, que orbitaba alrededor del Sol. Cuando colisionaron, se liberó energía del interior de ambos planetas y algunos fragmentos de Theia se fusionaron con la Tierra.

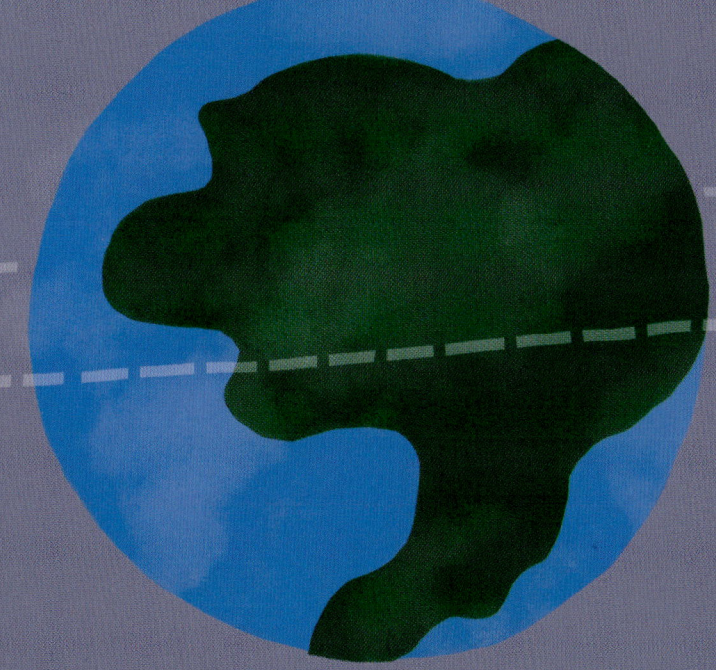

Los restos de la colisión que quedaron flotando alrededor de la Tierra se unieron y formaron la Luna. La atracción gravitatoria de la Luna estabilizó la órbita de la Tierra alrededor del Sol; eso hizo que los días se alargasen y, con el tiempo, terminasen teniendo 24 maravillosas horas.

La **GRAVEDAD** es la fuerza que atrae a dos objetos entre sí. La gravedad del Sol hace que la Tierra gire a su alrededor, mientras que la gravedad de la Tierra mantiene a la Luna en su órbita y evita que las personas salgamos flotando.

PRESENTE

AGUA Y AIRE

Quinientos millones de años después de formarse, la superficie de la Tierra se había enfriado y endurecido lo suficiente como para que pudieran depositarse líquidos sobre ella. El agua se acumuló y formó lagos profundos, ríos caudalosos y extensos océanos.

LA TIERRA es un planeta poco común porque es capaz de albergar vida, a diferencia de los demás de nuestro sistema solar. Esto es posible gracias a sus grandes reservas de agua y al aire respirable que la rodea.

AGUA

ATMÓSFERA

VENUS sería un desastre como planeta donde albergar vida. Su superficie está plagada de volcanes, mientras que la atmósfera contiene nubes de ácido sulfúrico y es tan caliente que podría derretir el plomo.

MARTE es la mejor opción después de la Tierra. No es demasiado frío ni demasiado caliente y en su suelo se puede encontrar agua en forma de hielo.

GASES VENENOSOS

Alrededor de la Tierra se formó una atmósfera a partir de los gases que emanaban de los volcanes de la superficie. Entre esos gases había metano, dióxido de carbono y sulfuro de hidrógeno, que podrían acabar con nosotros en un instante.

CRONOLOGÍA

LA SUPERFICIE DE LA TIERRA COMENZÓ A ENDURECERSE Y LOS OCÉANOS SE FORMARON HACE 4000 MILLONES DE AÑOS

AIRE PURO

Entonces, ¿cómo se transformaron esos gases venenosos en el maravilloso aire puro que hace que la atmósfera terrestre sea respirable? Pues gracias a unos organismos diminutos llamados CIANOBACTERIAS, que crecieron en los nuevos océanos del planeta. Estos seres eran tan listos que convertían el dióxido de carbono del agua en oxígeno, como las plantas al realizar la fotosíntesis.

CIANOBACTERIA

SOL
AGUA
OXÍGENO

CIELO AZUL

Con el tiempo, la cantidad de oxígeno en la atmósfera terrestre fue en aumento y, hace unos 2000 millones de años, los gases venenosos que contenía se despejaron y el cielo se volvió limpio y azul.

En la estratosfera, los átomos de oxígeno se combinaron y crearon un tipo de gas nuevo llamado ozono. Una fina capa de ozono rodea la Tierra y actúa como un escudo imprescindible que protege al planeta y a sus pobladores de los rayos ultravioleta del Sol, que son muy peligrosos y pueden causarnos daños en la piel y el ADN.

EXOSFERA
TERMOSFERA
MESOSFERA
ESTRATOSFERA
TROPOSFERA
OZONO

LAS BACTERIAS COMENZARON A PRODUCIR OXÍGENO HACE 2400 MILLONES DE AÑOS

PRESENTE

SIGNOS DE VIDA

Una vez que la Tierra ya tenía oxígeno y agua en grandes cantidades, estaba preparada para la vida. Y al igual que el universo surgió de un punto diminuto, los orígenes de la vida en la Tierra fueron muy modestos.

La Tierra era un lugar bastante violento cuando surgió la vida. En el cielo estallaban tormentas eléctricas, y en la superficie había volcanes en erupción.

Es posible que la vida se originase en unos charcos de agua poco profundos llamados **POZAS DE MAREA**, repletos de una sustancia conocida como caldo primigenio. No creas que es ningún manjar; se llama caldo primigenio a la combinación de elementos químicos necesarios para crear vida.

POZAS DE MAREA

Durante muchos millones de años, los ingredientes para la vida que chapoteaban juntos en las pozas de marea dieron lugar a los primeros organismos unicelulares (como las bacterias) hace unos 3500 millones de años.

CHARNIA

Las formas de vida más complejas tardarían mucho más tiempo en **EVOLUCIONAR**. ¡Los primeros animales surgieron 3000 millones de años después! Se denomina **CHARNIA** a unos animales primitivos que habitaron el lecho oceánico hace 570 millones de años. Sus cuerpos tenían forma de hoja acolchada y filtraban el agua para obtener alimento.

La **EVOLUCIÓN** es una teoría que utilizan los científicos. Explica cómo las distintas especies de seres vivos se transforman a lo largo de mucho tiempo y cómo han llegado a ser como son.

CRONOLOGÍA

LOS PRIMEROS ORGANISMOS UNICELULARES EVOLUCIONARON HACE 3500 MILLONES DE AÑOS

LOS PRIMEROS ANIMALES

A medida que la atmósfera fue acumulando oxígeno, la Tierra comenzó a albergar una gran variedad de formas de vida, que siguieron evolucionando y adaptándose a su entorno. Este período se conoce como EXPLOSIÓN CÁMBRICA y fue la época en la que surgieron la mayor parte de los tipos de animales en nuestro planeta. Entre ellos, los CORDADOS, los BRAQUIÓPODOS y los ARTRÓPODOS.

Los **CORDADOS** tienen un cordón nervioso que les recorre el cuerpo longitudinalmente y a menudo tienen cola, al menos durante parte de su ciclo vital. Un cordado primitivo fue el **PIKAIA GRACILENS**, un animal similar a un gusano que vivía en el mar.

PIKAIA GRACILENS

LINGULA

Los **BRAQUIÓPODOS** tienen conchas y se parecen mucho a los berberechos o las almejas. Algunos de los braquiópodos más antiguos, como las **LINGULAS**, siguen existiendo hoy en día.

Los **ARTRÓPODOS** son animales cuyo cuerpo tiene un esqueleto exterior duro que les aporta sostén y los protege de los depredadores. Los artrópodos, por ejemplo, los **TRILOBITES**, son antepasados de las arañas, los insectos y los crustáceos, como los cangrejos y las gambas.

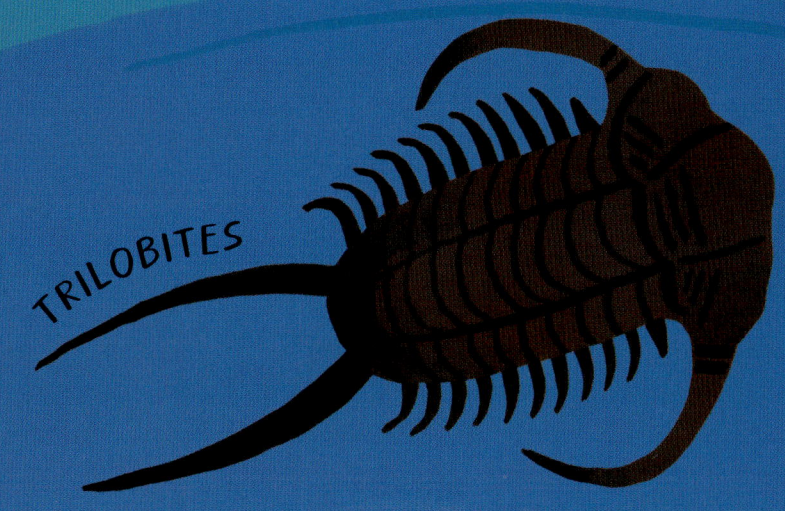
TRILOBITES

LOS PRIMEROS ANIMALES EVOLUCIONARON HACE 570 MILLONES DE AÑOS

PRESENTE

VERTEBRADOS

Tras la explosión cámbrica, los animales de la Tierra continuaron cambiando y evolucionando. Unos 10 millones de años después, comenzó a surgir un nuevo tipo de animal: los vertebrados, descendientes de los cordados. En la actualidad, incluyen a cualquier animal que tenga espina dorsal, es decir, todos los mamíferos, aves, reptiles, anfibios y peces.

Los primeros vertebrados, de las familias **MYLLOKUNMINGIA** y **HAIKOUICHTHYS**, aparecieron hace unos 525 millones de años. Al igual que el resto de las formas de vida primitivas, habitaban en el mar.

El **MYLLOKUNMINGIA FENGJIAOA** se parecía mucho a una babosa y medía más o menos lo mismo que un clip: menos de 3 centímetros de largo. Pero, a diferencia de una babosa (o de un clip), contaba con un cráneo y un esqueleto de **CARTÍLAGO**.

El cartílago es un tejido elástico más blando que el hueso. Los humanos lo tenemos en las orejas y la nariz, entre otras partes del cuerpo.

MYLLOKUNMINGIA

HAIKOUICHTHYS

El **HAIKOUICHTHYS ERCAICUNENSIS** era un poco más pequeño y delgado que los *Myllokunmingia*. Tenía una cola claramente diferenciada del cuerpo y al menos seis branquias en la cabeza.

CRONOLOGÍA

LOS PRIMEROS PECES

Los peces primitivos no tenían mandíbulas con las que comer, así que se quedaban cerca del lecho marino y las branquias les servían para respirar y también para absorber el alimento. Estos peces sin mandíbula se denominan AGNATOS y actualmente siguen existiendo dos tipos: LAMPREAS y MIXINOS.

Las **LAMPREAS** se pueden encontrar en Europa y existen variedades tanto de agua dulce como salada, mientras que los **MIXINOS** habitan en el lecho marino de los océanos de todo el mundo. Ni los agnatos actuales ni la mayoría de los ya extintos tenían estómago.

Las aterradoras lampreas tienen una boca con forma de ventosa colmada de dientes. Algunas lampreas perforan la carne de otros peces y les chupan la sangre. Estas holgazanas también se pegan a animales más grandes para trasladarse sin esfuerzo.

A los **MIXINOS** a veces se les llama anguilas babosas. Para defenderse y evitar que los devoren, segregan una sustancia lechosa y pegajosa. Los primeros mixinos presentaban vértebras rudimentarias formadas por cartílago, pero evolucionaron con el tiempo y ahora no tienen ninguna. Esto los convierte en los únicos animales actuales que tienen cráneo, pero no vértebras.

LOS PRIMEROS VERTEBRADOS APARECIERON HACE 525 MILLONES DE AÑOS

PRESENTE

PECES ACORAZADOS

Los cuerpos de cartílago blando de los primeros peces sin mandíbula, como las lampreas o los mixinos, no se fosilizaban suficientemente bien como para que los científicos pudieran estudiarlos. Por ello los esqueletos fosilizados de los peces más antiguos conocidos pertenecieron a otro tipo de peces sin mandíbula: los ostracodermos, que existieron hace entre 430 y 350 millones de años, a la vez que lampreas y mixinos.

OSTEÓSTRACO

OSTEÓSTRACOS

Los OSTEÓSTRACOS, que evolucionaron hace unos 430 millones de años y tenían una cabeza plana, fueron unos OSTRACODERMOS primitivos. Su piel estaba protegida por escamas gruesas y placas óseas, parecidas a una armadura resistente.

RESPIRACIÓN SUBACUÁTICA

Los ostracodermos fueron los primeros peces que utilizaron las branquias solo para respirar y la boca para alimentarse. A pesar de que aún no tenían mandíbulas con las que morder, desarrollaron una forma de comer novedosa: abrir del todo la boca y absorber a las presas pequeñas como una aspiradora.

CRONOLOGÍA

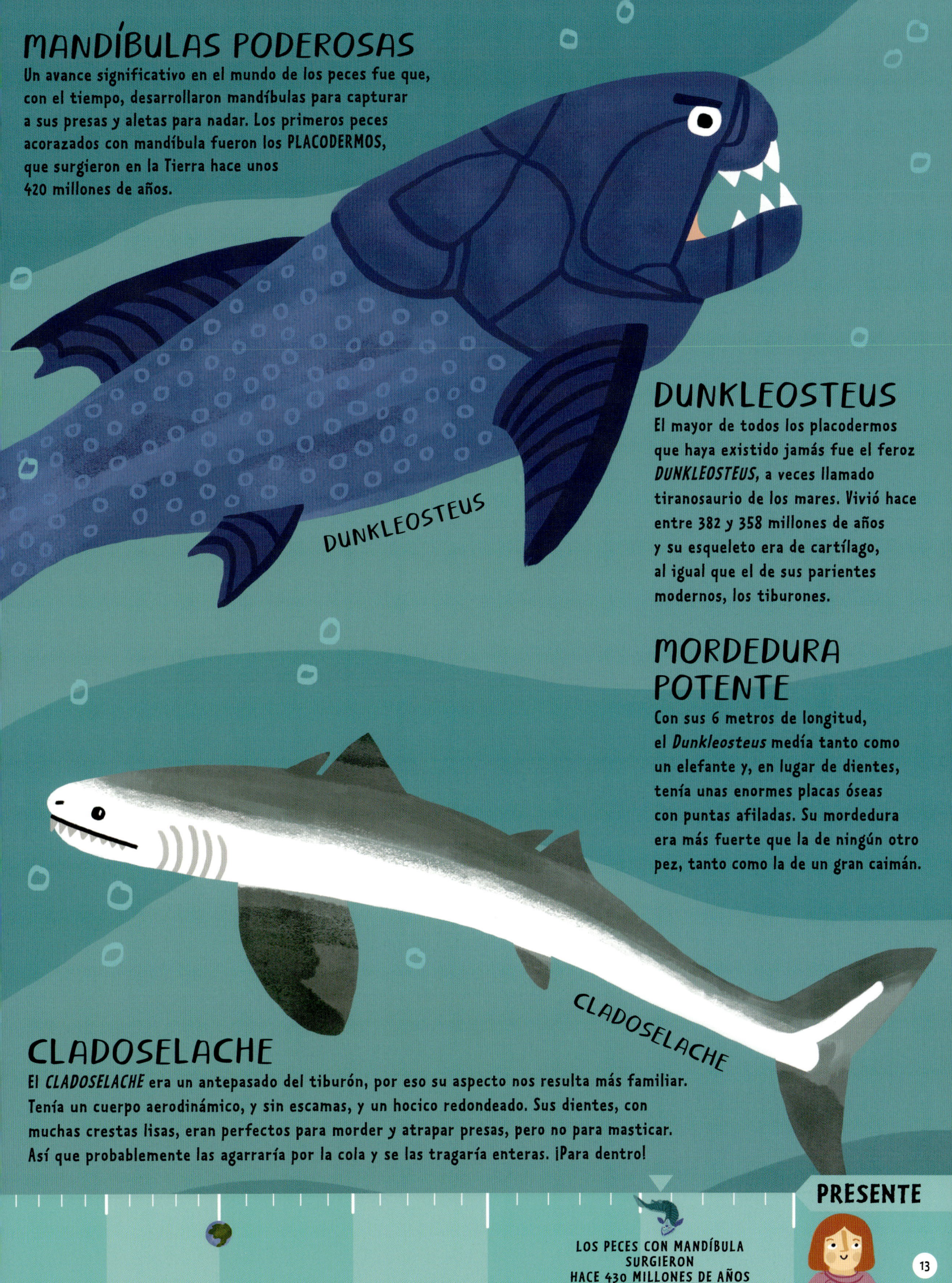

MANDÍBULAS PODEROSAS

Un avance significativo en el mundo de los peces fue que, con el tiempo, desarrollaron mandíbulas para capturar a sus presas y aletas para nadar. Los primeros peces acorazados con mandíbula fueron los PLACODERMOS, que surgieron en la Tierra hace unos 420 millones de años.

DUNKLEOSTEUS

El mayor de todos los placodermos que haya existido jamás fue el feroz *DUNKLEOSTEUS*, a veces llamado tiranosaurio de los mares. Vivió hace entre 382 y 358 millones de años y su esqueleto era de cartílago, al igual que el de sus parientes modernos, los tiburones.

MORDEDURA POTENTE

Con sus 6 metros de longitud, el *Dunkleosteus* medía tanto como un elefante y, en lugar de dientes, tenía unas enormes placas óseas con puntas afiladas. Su mordedura era más fuerte que la de ningún otro pez, tanto como la de un gran caimán.

CLADOSELACHE

El *CLADOSELACHE* era un antepasado del tiburón, por eso su aspecto nos resulta más familiar. Tenía un cuerpo aerodinámico, y sin escamas, y un hocico redondeado. Sus dientes, con muchas crestas lisas, eran perfectos para morder y atrapar presas, pero no para masticar. Así que probablemente las agarraría por la cola y se las tragaría enteras. ¡Para dentro!

PRESENTE

LOS PECES CON MANDÍBULA SURGIERON HACE 430 MILLONES DE AÑOS

INVERTEBRADOS

Al igual que los vertebrados progresaban hace 430 millones de años, también lo hacían los invertebrados. Los invertebrados carecen de espina dorsal y de esqueleto. A cambio, algunos tienen un caparazón externo resistente que protege sus cuerpos blandos. Los invertebrados primitivos son los antepasados de todos los insectos, moluscos, gusanos, medusas y crustáceos, que hoy representan el 97% de los animales de la Tierra.

¡El **PTERYGOTUS** era un escorpión marino más grande que un humano adulto! Los apéndices afilados de su boca se parecían a las pinzas de una langosta, y tenía unas patas en forma de remo con las que nadaba por mares y ríos.

Los **TRILOBITES** son antepasados de las cochinillas y los cangrejos. Su cuerpo estaba compuesto por numerosos segmentos, lo que les permitía enroscarse en busca de seguridad. Han existido más de 17 000 tipos de trilobites, unos más pequeños que una pulga y otros tan grandes como un perro.

Las **ESTRELLAS DE MAR** son invertebrados que se remontan a hace 450 millones de años. Viven en el mar y tienen 5 brazos que parten de un disco central en el que se encuentran sus órganos. Son unos brazos de lo más práctico: pueden desprenderse de ellos como forma de defensa e incluso hacer que crezcan de nuevo.

CRONOLOGÍA

LAS PRIMERAS PLANTAS

Las primeras plantas en la Tierra fueron ciertos tipos de algas (y luego musgos) que se desarrollaron en el agua. Más adelante, hace unos 470 millones de años, los musgos y otras plantas comenzaron a crecer en tierra.

MUSGO

ALGAS

COOKSONIA

Las **COOKSONIAS** fueron de las primeras plantas que crecieron en tierra. Eran muy pequeñas (medían un par de centímetros) y no tenían hojas ni flores.

ESPORAS

LAS PLANTAS CRECIERON EN TIERRA HACE 470 MILLONES DE AÑOS

PRESENTE

TETRÁPODOS Y ANFIBIOS

Hace entre 380 y 340 millones de años aproximadamente, conforme el mundo seguía evolucionando, ciertos tipos de peces salieron del agua por primera vez y se arrastraron por tierra en busca de alimento o de otras pozas. ¿Has visto alguna vez a un pez fuera del agua? No es ningún ejemplo de elegancia.

PEZ

ALETAS

TETRÁPODO

Los **TETRÁPODOS** son animales con cuatro patas.

PATAS

PRIMEROS PASOS

Con el tiempo, las aletas de algunos animales evolucionaron y se convirtieron en unas patas cortas y débiles que les servían para moverse en tierra. Reptaban por el suelo arrastrando el cuerpo gracias a la fuerza de las patas delanteras. Así fueron los primeros tetrápodos, con su aspecto de peces extraños, colas gruesas y patas diminutas.

CRONOLOGÍA

TIKTAALIK

El *TIKTAALIK* es uno de los animales en los que se aprecia la transición entre nadar y caminar. Parecía una mezcla entre un pez y una rana.

TIKTAALIK

SACUDE LA CABEZA

Los *Tiktaaliks* desarrollaron pequeños hombros, brazos y muñecas, y podían girar la cabeza de un lado a otro. Un momento… ¡Probablemente el suyo fuera el primer cuello de la historia! El fósil de *Tiktaalik* más antiguo tiene 375 millones de años.

Los **ANFIBIOS** son vertebrados que nacen con branquias para respirar bajo el agua, pero luego, de adultos, desarrollan unos pulmones que les sirven en tierra.

ICHTHYOSTEGA

ICHTHYOSTEGA

Un tipo de tetrápodo posterior que abandonó el agua y reptó hasta tierra fue el *ICHTHYOSTEGA*. A pesar de tener una cola larga y branquias de pez, también tenía pulmones, y su cráneo y extremidades se parecían más a los de las salamandras.

PONE HUEVOS

En casi todos los casos, esos primeros anfibios tenían que regresar al agua para desovar, pero podían pasar mucho más tiempo en tierra gracias a sus pulmones recién desarrollados.

LOS ANFIBIOS LLEGARON REPTANDO A TIERRA HACE 380 MILLONES DE AÑOS

PRESENTE

REPTILES

REPTIL

ANFIBIO

Durante mucho tiempo, fueron los anfibios los que mandaron en tierra, pero había un detalle que no les permitía progresar: tenían que vivir cerca del agua para desovar. En los climas secos y en el interior, ser capaz de sobrevivir en tierra firme suponía una gran ventaja, así que, hace más de 310 millones de años, algunos anfibios comenzaron su evolución a reptiles.

Entonces, ¿en qué se diferencia un reptil de un anfibio? Ambos son animales de **SANGRE FRÍA**, es decir, sus cuerpos no generan calor, sino que necesitan fuentes de calor, como el sol, para mantener la temperatura.

Tanto los reptiles como los anfibios tienen **ESPINA DORSAL**.

Los reptiles ponen **HUEVOS** con cáscara en la tierra, mientras que los anfibios ponen huevos sin cáscara en el agua, como los huevos de rana.

HUEVOS CON CÁSCARA

Los anfibios pueden **RESPIRAR** bajo el agua a través de la piel. La mayoría de los reptiles solo respiran aire con los pulmones, y su piel impermeable y gruesa los ayuda a retener agua en el cuerpo y evita que se deshidraten.

HUEVOS SIN CÁSCARA

CRONOLOGÍA

LOS PRIMEROS REPTILES

Los anápsidos fueron unos reptiles cuyo cráneo no tenía orificios en la zona de las sienes.

HYLONOMUS

El **HYLONOMUS** fue un anápsido que vivió hace unos 312 millones de años. Se considera el primer reptil que existió. Con sus escasos 20 centímetros de longitud y su aspecto de lagartija, tenía todo un surtido de insectos y milpiés terrestres para escoger.

ARAEOSCELIS

El **ARAEOSCELIS** fue un diápsido que vivió hace 280 millones de años. Este pequeño reptil, de 60 centímetros de largo, se parecía a los lagartos que vemos hoy en zoos y tiendas de mascotas.

REPTILES TARDÍOS

Los diápsidos fueron unos reptiles que desarrollaron dos orificios a los lados del cráneo, por detrás de cada ojo. Luego se convertirían en dinosaurios, cocodrilos, serpientes, lagartos, tortugas y aves.

ANCESTROS DE LOS MAMÍFEROS

Los sinápsidos fueron una evolución de los primeros reptiles. Su cráneo tiene un orificio detrás de cada cavidad ocular. Los sinápsidos primitivos son los antepasados de los mamíferos actuales.

La vela del *Dimetrodon* era una extensión de su espina dorsal. Puede que le sirviera para atraer a una pareja o que funcionara como un panel solar para calentarle el cuerpo desde primeras horas del día.

Uno de los sinápsidos que más tiempo duraron fue el **DIMETRODON**, que vivió hace entre 295 y 270 millones de años. Era una bestia enorme, de 3 metros de largo, parecida a un lagarto, con una cola larga y pesada, y una «vela» impresionante en el lomo.

DIMETRODON

ALGUNOS ANFIBIOS EVOLUCIONARON A REPTILES HACE 312 MILLONES DE AÑOS

PRESENTE

PANGEA

Si miras un mapa actual de la Tierra, quizá observes que sus continentes (África, América del Norte, América del Sur, Antártida, Asia, Europa y Oceanía) parecen las piezas de un rompecabezas que fácilmente encajarían.

Si nos remontamos a hace entre 300 y 180 millones de años, todos los continentes de la Tierra se apretujaban uno contra otro formando un supercontinente llamado **PANGEA**, mientras que el resto del planeta lo ocupaba un océano inmenso llamado **PANTHALASSA**.

Con el tiempo, ese supercontinente se fragmentó y los trozos de tierra se fueron separando lentamente. De hecho, continúan haciéndolo, por lo que la Tierra no siempre tendrá su aspecto actual.

CRONOLOGÍA

LAS CAPAS DE LA TIERRA

La Tierra se compone de tres capas: el NÚCLEO, el MANTO y la CORTEZA. El NÚCLEO se encuentra justo en el centro y tiene aproximadamente la misma temperatura que la superficie del Sol. El MANTO tiene unos 2900 kilómetros de espesor y separa el núcleo de la corteza. La CORTEZA se sitúa sobre el manto y tiene entre 8 y 32 kilómetros de grosor. Se divide en secciones llamadas PLACAS.

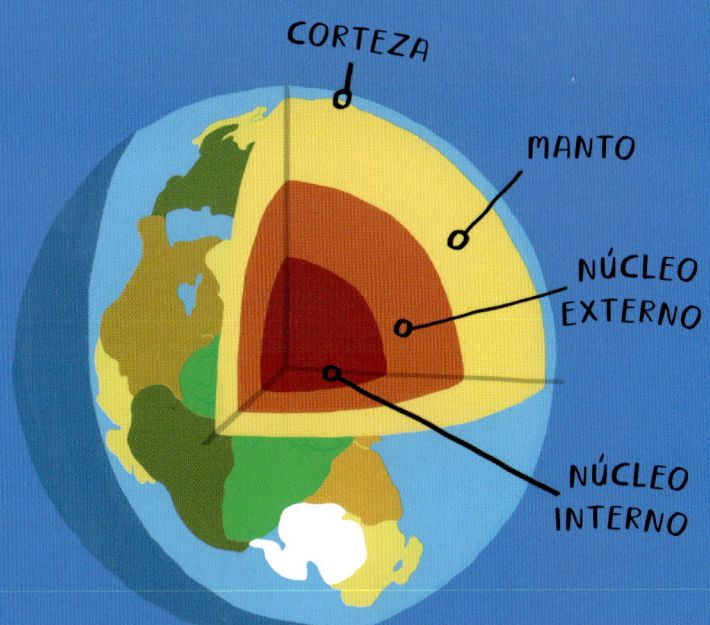

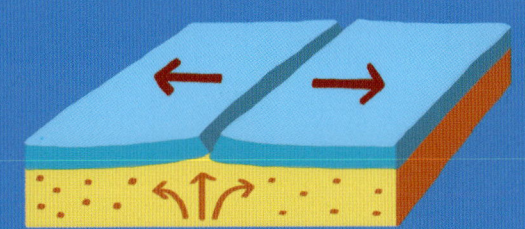

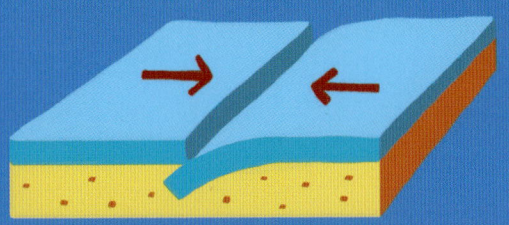

¿CÓMO SE MUEVEN LOS CONTINENTES?

El calor extremo del núcleo de la Tierra calienta el manto desde abajo y convierte la roca en un líquido similar a la lava. Este asciende hacia la superficie, pero no es capaz de atravesar la corteza, ya que es una capa dura. Las placas de la corteza, que se sitúan sobre el manto, flotan encima de este, y eso es lo que ocasiona que los continentes se vayan separando entre sí. En cualquier caso, es un proceso muy lento, ya que las placas solo se alejan 2 centímetros al año. Así que hicieron falta MILLONES de años para que Pangea se dividiese en siete continentes distintos.

Allí donde las placas se separan o chocan se pueden desencadenar catástrofes naturales como terremotos, erupciones volcánicas y tsunamis.

FRÍO

Pangea debía de ser un sitio duro para vivir. El sur del continente era frío y seco, y una parte estaba congelada bajo los casquetes de hielo.

CALOR

Las zonas del norte y el centro eran terriblemente calurosas y, según la estación, podían estar muy secas o completamente inundadas.

¡PELIGRO!

Como las masas terrestres del planeta se movían, chocaban y rozaban entre sí, a veces provocaban erupciones volcánicas muy violentas.

LA TIERRA TENÍA UN SOLO SUPERCONTINENTE HACE UNOS 300-180 MILLONES DE AÑOS

PRESENTE

LA GRAN MORTANDAD

Intenta imaginar que casi todas las especies que existen en la Tierra hoy en día se extinguiesen. Pues justo eso fue lo que sucedió hace 252 millones de años, en un desastre terrible llamado la Gran Mortandad.

EXTINCIÓN

Aunque nadie está seguro de qué fue lo que provocó la Gran Mortandad, probablemente se debiera a la combinación de sustancias químicas peligrosas en la atmósfera que emanaban de las erupciones volcánicas de Pangea, la liberación de gases tóxicos del fondo oceánico, los reducidos niveles de oxígeno en el aire y un clima muy seco y caluroso.

CRONOLOGÍA

LAS GRANDES SECUELAS

Durante los 8 millones de años siguientes, la Tierra volvió a encontrarse prácticamente desierta.

La vida en el mar se recuperó mucho más rápido, ya que numerosas especies habían sobrevivido y lo repoblaron. Esto probablemente se debiera a que, al vivir bajo el agua, estaban protegidas de lo que sucedía en la superficie.

CATÁSTROFES NATURALES

Durante mucho tiempo tras la Gran Mortandad, el clima siguió siendo inestable, y puede que sucedieran catástrofes naturales y nuevas extinciones masivas durante el período posterior. Todo ello impedía la recuperación de la vida.

CÓMO SOBREVIVIR

Las formas de vida más pequeñas tenían más probabilidades de sobrevivir, por ello los hongos, insectos y musgos recolonizaron la tierra y los mares. Los animales pequeños se reproducen con rapidez y en grandes cantidades. Además, necesitan menos alimento para sobrevivir que las especies de mayor tamaño.

ADAPTACIÓN

Las escasas especies supervivientes tenían que adaptarse constantemente a un entorno nuevo, por lo que esta extinción masiva dio lugar a la evolución de todo un conjunto de animales distintos.

LA ERA DE LOS DINOSAURIOS

El período posterior a la Gran Mortandad se denomina era mesozoica o era de los dinosaurios. La aparición de los dinosaurios (que en griego significa «lagarto terrible») tuvo lugar en la primera etapa de la era mesozoica —el período triásico—. Pero antes que los dinosaurios ya existían los arcosaurios.

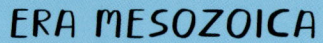

ERA MESOZOICA

PERÍODO TRIÁSICO	PERÍODO JURÁSICO	PERÍODO CRETÁCICO
Hace 252 millones de años	Hace 201 millones de años · Hace 145 millones de años	Hace 66 millones de años

ARCOSAURIOS

Los antepasados directos de los dinosaurios fueron unos reptiles llamados arcosaurios, un grupo de diápsidos que sobrevivieron a la Gran Mortandad y evolucionaron.

Los arcosaurios estaban tan bien adaptados a las condiciones de la Tierra que prácticamente dominaron el planeta a comienzos del período triásico; de hecho, arcosaurio significa «lagarto reinante». Algunos ejemplos de arcosaurios son el achaparrado *Proterosuchus* y el ágil *Euparkeria*.

¡Seré bajito, pero aquí mando yo!

PROTEROSUCHUS

El **PROTEROSUCHUS** fue un arcosaurio muy parecido a un cocodrilo primitivo. Caminaba sobre cuatro patas rechonchas y robustas.

CRONOLOGÍA

PERÍODO TRIÁSICO

El período triásico abarcó desde hace unos 252 hasta 201 millones de años. En ese tiempo sucedieron muchos cambios, por ejemplo, la evolución de los dinosaurios y los mamíferos.

Los primeros dinosaurios, como el **EORAPTOR** y el **NYASASAURUS**, aparecieron entre comienzos y mediados del período triásico.

Algunas de las plantas del Triásico crecían en terrenos húmedos cerca de costas o ríos. El **PLEUROMEIA** parecía un árbol pequeño, con hojas similares a la hierba que brotaban de un único tronco. Las zonas del mundo más secas eran más adecuadas para las coníferas, los *ginkgos* y los helechos.

CRONOLOGÍA

PTEROSAURIOS

No todos los reptiles caminaban o nadaban; ¡los había que sabían volar! Los pterosaurios fueron unos reptiles voladores que evolucionaron en el Triásico y surcaron los cielos durante todo el Mesozoico. Un ejemplo de pterosaurio fue el *EUDIMORPHODON*. Medía 70 centímetros, tenía una larga cola ósea, alas recubiertas de piel y gran cantidad de dientes pequeños y afilados.

EUDIMORPHODON

Durante el Triásico también empezaron a evolucionar los primeros mamíferos. El **MEGAZOSTRODON** fue un mamífero primitivo con muchos dientes de distintos tamaños; quizá cubierto de pelaje para mantener la temperatura.

MEGAZOSTRODON

PLACERIAS

Los primeros dinosaurios compartieron el planeta con otros grandes sinápsidos (los antepasados de los mamíferos) como el **PLACERIAS**. Parecía un cruce entre un cerdo, una vaca y una tortuga. Este herbívoro de gran tamaño tenía pico y colmillos puntiagudos que utilizaba para desenterrar raíces comestibles.

PRESENTE

EL PERÍODO TRIÁSICO TUVO LUGAR HACE 252-201 MILLONES DE AÑOS

LOS DINOSAURIOS CRECEN

A medida que los dinosaurios poblaban el planeta, se adaptaron, evolucionaron y se volvieron **más grandes..., enormes..., ¡gigantescos!**

EORAPTOR

Mediados del período triásico: alrededor de 1 metro de largo

HERRERASAURUS

Finales del período triásico: 3-6 metros de largo

PERÍODO JURÁSICO

El período jurásico duró desde hace unos 201 hasta hace 145 millones de años. En esa etapa comenzaron a prosperar numerosas especies de dinosaurios nuevas y espectaculares. Aquí sí que dominaron la Tierra de veras.

EL FIN DE PANGEA

Durante el período jurásico, Pangea comenzó a dividirse en dos masas de tierra: LAURASIA en el norte; GONDWANA en el sur. El océano Atlántico empezó a formarse, y los vientos oceánicos llevaron las lluvias hasta las zonas desérticas. La temperatura de la Tierra se volvió más suave de lo que había sido hasta entonces, y la vida se abrió paso en zonas que habían sido áridas.

SAURÓPODOS

El Jurásico fue testigo de la aparición de saurópodos gigantescos, que comían plantas, como los braquiosaurios, seismosaurios y diplodocus. Saurópodo en griego significa «pie de lagarto». Los saurópodos tenían una cola larga, un cuello enorme, la cabeza pequeña y cuatro patas gruesas y robustas.

Los **BRAQUIOSAURIOS** se alimentaban de hojas de las copas de los árboles. Con ese cuello tan largo podían conseguir comida en lugares a los que los demás herbívoros no llegaban.

Probablemente algunos saurópodos, como los **DIPLODOCUS**, tragasen piedras pequeñas que los ayudaban a digerir las duras fibras vegetales.

CRONOLOGÍA

CONSUMIDORES DE PLANTAS

El **ESTEGOSAURIO**, también herbívoro, estaba protegido por una coraza. Tenía dos filas de placas dorsales que terminaban en dos pares de pinchos en el extremo de la cola. A pesar de su aspecto amenazador, el estegosaurio se movía muy despacio y no era demasiado listo. De hecho, en relación con su tamaño, su cerebro es de los más pequeños de todos los dinosaurios.

ESTEGOSAURIO

¿Me estás llamando idiota?

DRYOSAURUS

SCUTELLOSAURUS

Además de los dinosaurios herbívoros de mayor tamaño, había muchísimas otras especies más pequeñas que seguían la misma dieta. Tanto los **DRYOSAURUS**, con su pico de loro, como los **SCUTELLOSAURUS**, cuyo cuerpo estaba recubierto de púas, vivieron durante el período jurásico.

ALLOSAURUS

DILOPHOSAURUS

El **DILOPHOSAURUS** fue un cazador bípedo enorme con una cresta ósea en el cráneo; puede que le sirviera para impresionar a sus parejas o refrescarse.

CONSUMIDORES DE CARNE

Los grandes depredadores carnívoros, como el **ALLOSAURUS** y el **DILOPHOSAURUS**, también surgieron en esta época. El *Allosaurus* utilizaba su agudo sentido del olfato para localizar presas y abalanzarse sobre ellas. Tenía tres dedos con garras en cada extremidad; si te cogía, no te soltaba.

PRESENTE

EL PERÍODO JURÁSICO TUVO LUGAR HACE 201-145 MILLONES DE AÑOS

PERÍODO CRETÁCICO

El período cretácico comenzó hace 145 millones de años. Los continentes empezaron a tener la forma y ubicación que reconocemos hoy en día. Ciertas zonas de la Tierra se inundaron, de modo que surgieron mares poco profundos sobre ellas. Empezaron a crecer las primeras plantas con flores. Y la evolución de los dinosaurios fue muy diversa en cada continente...

Los **HADROSÁURIDOS** tenían una cresta en la cabeza, como el **PARASAUROLOPHUS** o el **CORYTHOSAURUS**. Eran herbívoros y pastaban hojas, helechos y corteza en grandes manadas, casi como las vacas.

PARASAUROLOPHUS

CORYTHOSAURUS

PROTOCERATOPS

Los **CERATÓPSIDOS** eran dinosaurios con cuernos en la cara, entre ellos los **PROTOCERATOPS** y los conocidos **TRICERATOPS**. Estos herbívoros tenían un pico similar al de los loros y una complexión muy parecida a la de los rinocerontes.

TRICERATOPS

GASTONIA

EDMONTONIA

Los **ANQUILOSAURIOS** eran como tanques acorazados. Algunos tenían púas en el cuerpo, como el **EDMONTONIA**; otros, pinchos en la cola, como el **GASTONIA,** y los había con un mazo de hueso en el extremo de la cola, como el **ANKYLOSAURUS**.

ANKYLOSAURUS

CRONOLOGÍA

ALIMENTACIÓN Y ANATOMÍA

Las dietas de los dinosaurios nos ofrecen mucha información sobre cómo se adaptaba cada especie a su entorno. Los dinosaurios que se alimentaban de la carne de otras especies se denominan carnívoros, mientras que los que subsistían únicamente a base de vegetación se llaman herbívoros. Los omnívoros comían carne y plantas.

CADERAS

CADERAS DE LAGARTO

CADERAS DE AVE

Existen dos tipos de huesos de la cadera en el reino de los dinosaurios: las caderas de lagarto y las caderas de ave.

La mayoría de los dinosaurios que comían carne y casi todos los grandes saurópodos tenían caderas de lagarto. Quizá les sirvieran a los carnívoros para correr rápido y perseguir a sus presas.

Los herbívoros presentaban casi siempre caderas de ave. Puede que la inclinación de este tipo de caderas dejara hueco al intestino grueso que se necesita para digerir plantas.

GARRAS

Los dinosaurios carnívoros tenían unas garras afiladas y ganchudas que usaban para atacar y devorar a sus presas. Se les denomina terópodos, que significa «con pies de bestia».

Los herbívoros tenían garras sin filo o pezuñas que les protegían las patas, ya que debían recorrer grandes distancias para degustar sus manjares vegetales favoritos.

DIENTES

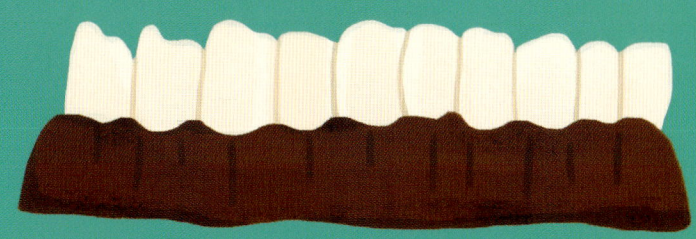

En el mundo de los dinosaurios hay muchos tipos de dientes, cada uno adaptado a una tarea concreta. En la mayoría de los carnívoros estaban destinados a atravesar la carne o machacar huesos.

Los herbívoros tenían unos dientes más planos, ideales para triturar las hojas y hacer papilla la vegetación.

ESTÓMAGO E INTESTINOS

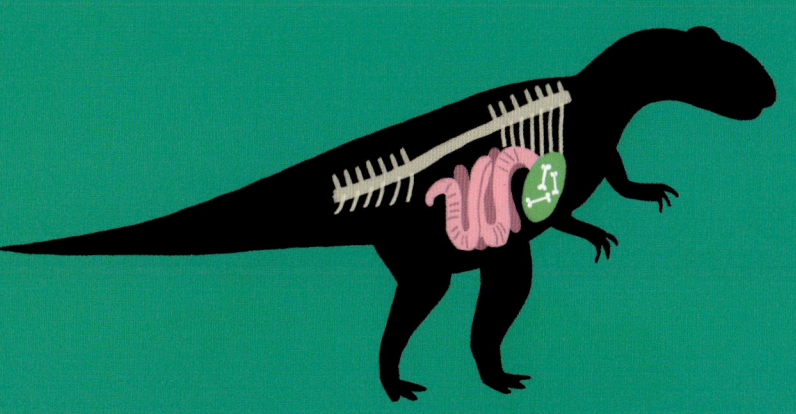

Los jugos digestivos de los carnívoros disolvían la carne e incluso los huesos en el estómago.

Los herbívoros tenían un intestino mucho más largo para digerir grandes cantidades de plantas.

HUEVOS

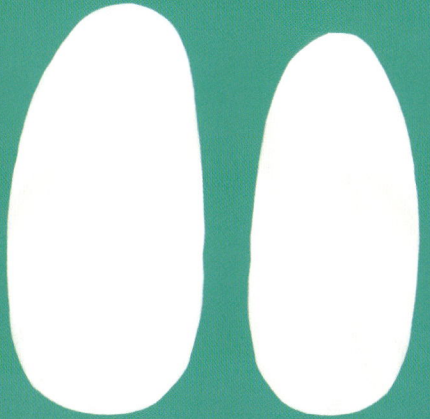

Por lo general, los huevos de los dinosaurios carnívoros eran mucho más largos que anchos, como un balón de rugbi.

Los huevos que ponían los herbívoros solían ser más esféricos, como un balón de fútbol.

GENEALOGÍA DE LOS DINOSAURIOS

Al igual que tú y yo podemos rastrear nuestros orígenes dibujando un árbol genealógico, se puede relacionar a los dinosaurios y ver cómo se emparentaban las distintas especies. Cada tipo de dinosaurio se denomina especie, y una o más especies con una relación estrecha forman un género. Un clado es una rama del árbol, un grupo que incluye un antepasado común y sus descendientes.

CARNOSAURIOS
Carnívoros grandes sobre todo

TERÓPODOS
Carnívoros

COELOPHYSIS

CELUROSAURIOS
Carnívoros pequeños sobre todo

SAURISQUIOS
Cadera de lagarto

PROSAURÓPODOS
Herbívoros de cuello largo

PLATEOSAURUS

SCUTELLOSAURUS

ORNITISQUIOS
Cadera de ave

ESTEGOSAURIOS
Herbívoros con placas dorsales

ORNITÓPODOS
Herbívoros bípedos

- PERÍODO TRIÁSICO
- PERÍODO JURÁSICO
- PERÍODO CRETÁCICO

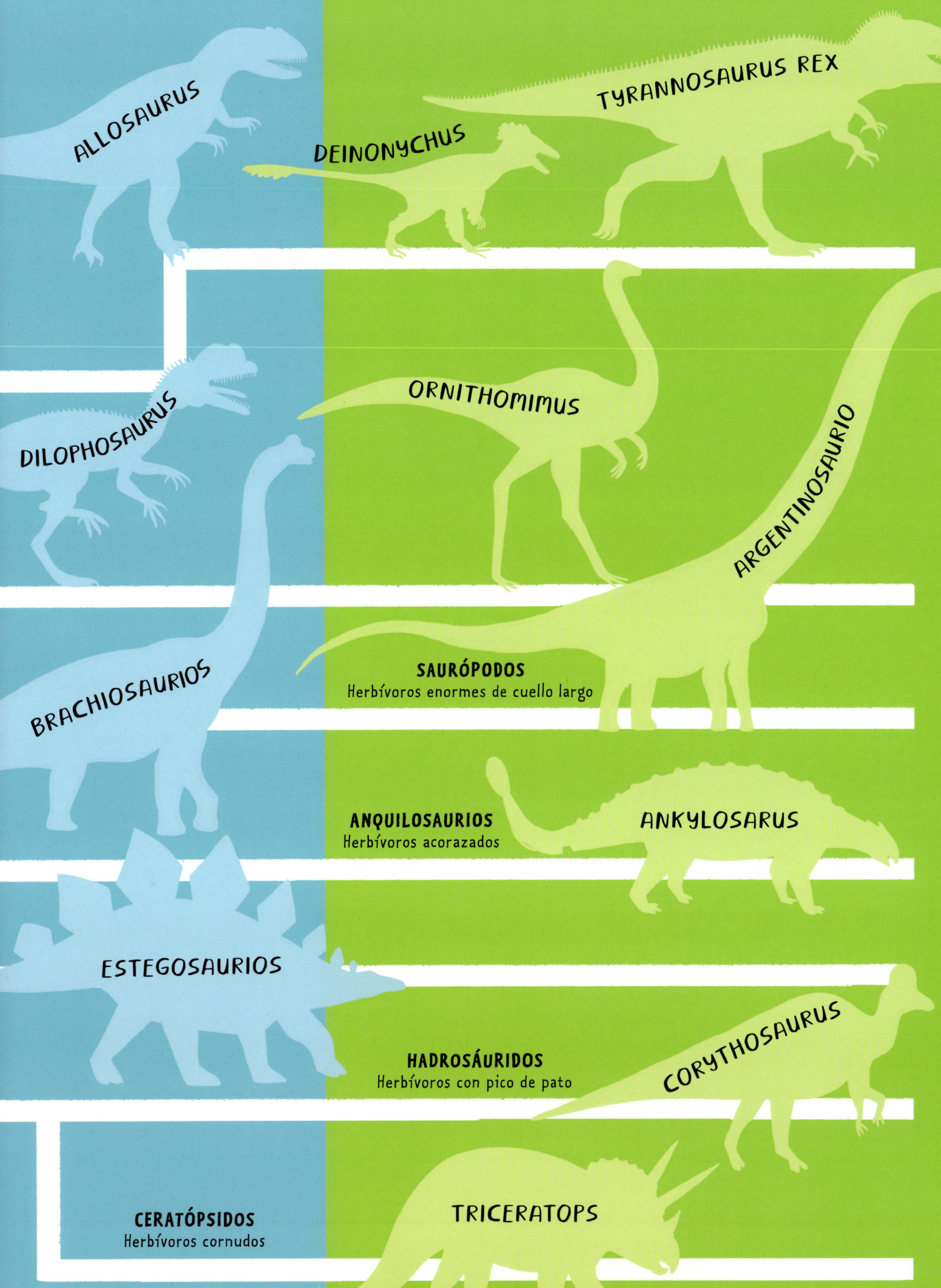

MAMÍFEROS

Los mamíferos pequeños y peludos hicieron su primera aparición en el Triásico y siguieron evolucionando durante el Jurásico y el Cretácico. Coexistieron con los dinosaurios durante millones de años.

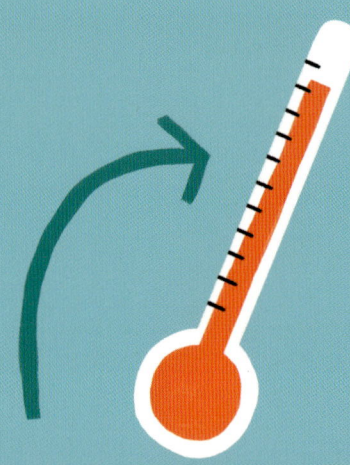

Yo soy un ejemplo de mamífero moderno.

Son animales de sangre caliente. Su cuerpo mantiene la temperatura haga frío o calor en el exterior, a diferencia de los animales de sangre fría, que necesitan el calor del sol.

Viven en muchos hábitats distintos: océanos, bajo tierra, desiertos o copas de los árboles. Pueden ser carnívoros, omnívoros o herbívoros.

Son vertebrados que alimentan a las crías con su leche. La mayoría tienen pelo o pelaje y paren crías vivas, en lugar de poner huevos y esperar a que eclosionen.

Los mamíferos más primitivos surgieron hace unos 220 millones de años. Eran diminutos: el *EOZOSTRODON*, del Triásico; el *JURAMAIA*, del Jurásico, y el *ALPHADON*, del Cretácico, tenían aspecto de roedores, con colas largas y finas, y garras afiladas para escarbar. Probablemente fueran nocturnos y se atiborrasen de insectos y huevos de dinosaurio aprovechando la oscuridad, para evitar que esos gigantones los pillasen.

EOZOSTRODON

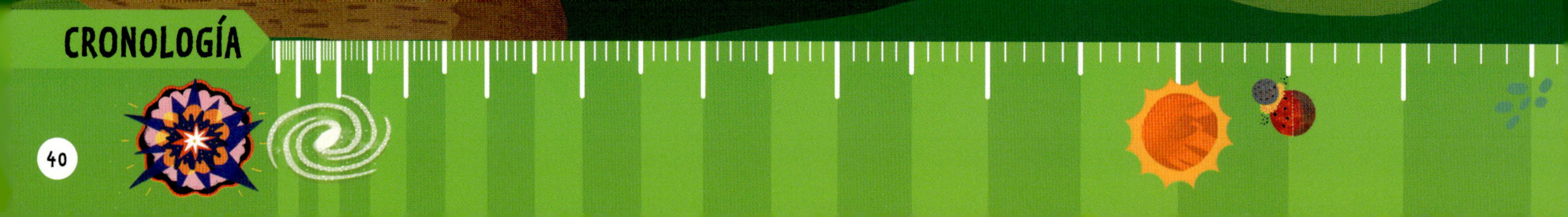

CRONOLOGÍA

AVES

Las primeras aves que se conocen aparecieron en el Jurásico, hace alrededor de 150 millones de años. Aunque cueste creerlo, las aves no descienden de los pterosaurios, los lagartos alados que surcaron los cielos desde finales del Triásico hasta que terminó el Cretácico, sino a partir de los terópodos (dinosaurios trepadores bípedos y con plumas). Con el transcurso de millones de años, estos ágiles depredadores desarrollaron alas, que al principio les servían para perseguir y abalanzarse sobre sus presas, y finalmente para volar.

QUETZALCOATLUS

El **QUETZALCOATLUS**, un pterodáctilo, fue uno de los animales voladores más grandes que ha existido jamás, con una envergadura de 11 metros. Tenía un pico largo y afilado, cuatro patas y un gran colgajo de piel, que abarcaba las patas delanteras en toda su extensión y le servía de alas.

CRONOLOGÍA

EXTINCIÓN MASIVA

La Tierra había cambiado muchísimo desde el *Big Bang* hasta este momento. A lo largo de millones de años, se había convertido en el hogar de un surtido extraordinario de mamíferos, aves, dinosaurios, plantas y peces. Pero una extinción masiva volvió a alcanzar el planeta hace unos 66 millones de años, cuando una roca gigantesca cayó desde el espacio y se estrelló en el mar cerca de la península de Yucatán, en México.

Ese asteroide mortífero medía unos 10 kilómetros de diámetro. ¡Más que 100 campos de fútbol de un extremo a otro! Al chocar con la Tierra, explotó y generó una nube colosal de polvo y gases tóxicos que se dispersó por todo el mundo.

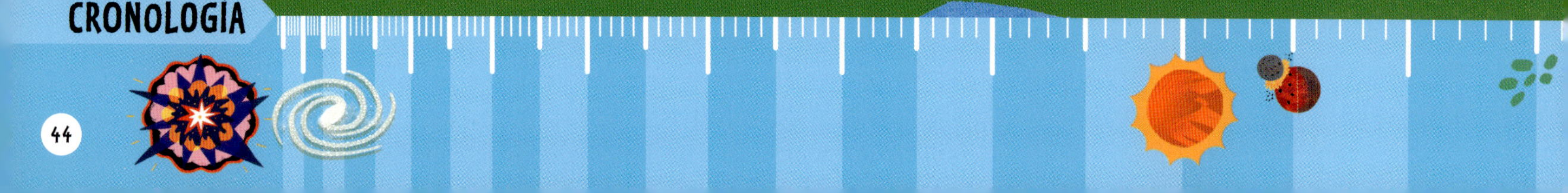

CRONOLOGÍA

Esta nube venenosa asfixió a los animales y les bloqueó a las plantas la luz y el calor del sol. Cuando la vegetación desapareció, los herbívoros murieron de hambre y los carnívoros, a su vez, se quedaron sin alimento, tal como había sucedido durante la Gran Mortandad, 186 millones de años antes.

Los poderosos dinosaurios quedaron borrados por completo de la faz de la Tierra en esta extinción masiva. Los fósiles nos indican que el *Triceratops* y el *T-rex* fueron dos de las últimas especies supervivientes.

PRESENTE

UN ASTEROIDE OCASIONÓ UNA EXTINCIÓN MASIVA HACE 66 MILLONES DE AÑOS

OSCURIDAD

La Tierra se vio sumida en la más absoluta oscuridad durante casi dos años completos y murieron la mitad de todas las especies.

NADA

SUPERVIVIENTES

No todos los animales corrieron la misma suerte que los extintos dinosaurios. Aquellos que consumían una dieta variada a base de raíces, semillas e insectos, además de plantas y animales en descomposición, tuvieron más posibilidades de sobrevivir y se adaptaron mejor.

COCODRILOS Y CAIMANES

¡He sobrevivido!

CANGREJOS

TORTUGAS

AVES

LAGARTOS

LA ERA DE LOS MAMÍFEROS

Cuando el polvo se asentó y la atmósfera se despejó, dio comienzo la era cenozoica o era de los mamíferos, que es la misma era geológica en la que nos encontramos en la actualidad. Los mamíferos que habían sobrevivido continuaron evolucionando y diversificándose. Hoy en día, existen tres grupos principales y numerosos subgrupos de mamíferos, como carnívoros, ungulados, cetáceos, roedores, quirópteros y primates.

Los **CARNÍVOROS** se desarrollaron para cazar y comer carne, como los **MIÁCIDOS,** que vivieron hace 62 millones de años. A pesar de que la mayoría sigue una dieta carnívora, la evolución los ha convertido en omnívoros, y unos pocos, como los pandas, son herbívoros. Gatos, perros, focas y osos... pertenecen a este grupo.

Los **ROEDORES** representan alrededor de un 40 % de todas las especies de mamíferos. Tienen unos incisivos largos para roer. Los ratones, las ratas, los castores y las ardillas son roedores. El roedor **PHOBEROMYS PATTERSONI** vivió en América del Sur hace 9 millones de años. Con sus más de 1,5 metros de alto, parecía una capibara enorme.

CRONOLOGÍA

Los **UNGULADOS** son mamíferos de pezuñas impares, como los caballos y rinocerontes, o pares, como los ciervos, jirafas e hipopótamos. El **HYRACOTHERIUM,** que parecía un caballo del tamaño de un perro, fue un ungulado primitivo de pezuñas impares que existió hace 55 millones de años. Los **ENTELODÓNTIDOS** fueron de los primeros ungulados de pezuñas pares; vivieron hace 37 millones de años y tenían aspecto de cerdos altos y voluminosos.

Los **CETÁCEOS** descienden de los ungulados con pezuñas pares. Son mamíferos marinos como las ballenas y los delfines. El **AMBULOCETUS** fue un antepasado de las ballenas, aunque no guarden un gran parecido. Estas «ballenas andantes» tenían el tamaño de un león marino y unas mandíbulas alargadas, como las de los cocodrilos. Vivieron cerca de Pakistán hace unos 46 millones de años.

Puede que los murciélagos se parezcan un poco a los roedores, pero pertenecen a un grupo propio llamado **QUIRÓPTEROS**, que son los únicos mamíferos capaces de volar. El **PALAEOCHIROPTERYX** es un murciélago extinto que vivió en Alemania hace 48 millones de años. Por sus fósiles sabemos que tenía un pelaje castaño rojizo y unas alas cortas y anchas.

PRESENTE

LA ERA DE LOS MAMÍFEROS COMENZÓ HACE 66 MILLONES DE AÑOS

PRIMATES

Los primates aparecieron en la faz de la Tierra hace entre 65 y 55 millones de años. A diferencia de muchos otros mamíferos, su cerebro es bastante grande con respecto al tamaño de su cuerpo. Sus ojos apuntan hacia delante, lo que los ayuda a calcular bien las distancias. Muchos de ellos también cuentan con pulgares oponibles; es decir, que el pulgar se mueve en dirección contraria a los demás dedos, lo que les permite usar las manos para agarrar. Existen diferentes grupos de primates: lémures, galágidos, monos, simios y humanos.

Los lémures y los galágidos son primates con un cerebro pequeño, una nariz húmeda y unos dientes especiales para acicalarse el pelaje.

ARCHAEOINDRIS

LÉMUR RATÓN

Los **LÉMURES** viven exclusivamente en la isla africana de Madagascar. Constituyen un grupo diverso, desde el diminuto lémur ratón hasta el conocido lémur de cola anillada. El **ARCHAEOINDRIS** es un lémur gigante extinto, ¡del tamaño de un gorila macho!

GALÁGIDO

LÉMUR DE COLA ANILLADA

Los **GALÁGIDOS** son unos pequeños primates nocturnos que habitan en África. Tienen unos ojos enormes que les permiten ver de noche, y orejas de murciélago, para buscar insectos en la oscuridad. Los primeros primates debían de parecerse más a los galágidos que a los monos.

CRONOLOGÍA

> Los tarseros, los simios y los monos tienen un cerebro grande y una nariz seca.

Los fósiles de **TARSERO** más antiguos tienen 45 millones de años y demuestran que han cambiado poco en todo este tiempo. Estos animales pequeños con ojos enormes (cada globo ocular es casi tan grande como su cerebro) cazan abalanzándose sobre sus presas desde lo alto. Son los únicos primates completamente carnívoros y se atiborran de insectos y, a veces, de lagartos, pájaros o serpientes.

Los **MONOS** tienen cola y viven en los árboles. Aprovechan la destreza de sus manos en tareas como pelar fruta. A los que viven en África y Asia, como los babuinos y los mandriles, se les denomina monos del viejo mundo, mientras que los de América Central y del Sur, como los capuchinos y los monos ardilla, son monos del nuevo mundo.

PRESENTE

LOS PRIMATES SURGIERON HACE 65-55 MILLONES DE AÑOS

SIMIOS

Los simios son otro grupo de animales que pertenecen a la familia de los primates. Hicieron su primera aparición en nuestro planeta hace 20 millones de años y se dividen en grandes simios y gibones.

GRANDES SIMIOS

Los **GRANDES SIMIOS** incluyen a los chimpancés, bonobos, gorilas, orangutanes y humanos. Todos ellos carecen de cola, son altos y, en su mayoría, omnívoros. Los grandes simios tienen unas manos hábiles, que les sirven para agarrar cosas, alimentarse e incluso usar herramientas. Construyen nidos en el suelo o en las copas de los árboles. Muchos reutilizan los nidos usados, pero otros, como los gorilas, se preparan uno nuevo cada noche para dormir como entre algodones.

CHIMPANCÉ

Los **CHIMPANCÉS** son los primates más parecidos a los humanos, con los que comparten un 99% del ADN. Es decir, los chimpancés y los humanos tienen más en común que los ratones y las ratas. Al igual que los humanos, los chimpancés se sirven de expresiones faciales muy diversas para indicarles a los demás su estado de ánimo.

¿QUÉ ES EL ADN?
El ADN es la molécula que contiene el código genético de un organismo; es decir, las instrucciones básicas sobre cómo se desarrolla y vive un ser vivo. Es una forma corta de llamar al ácido desoxirribonucleico.

JUGUETÓN

ASUSTADO   NERVIOSO

CRONOLOGÍA

Los **GORILAS** son los grandes simios de mayor tamaño. Aunque su aspecto pueda resultar intimidante, suelen ser amables y tímidos, y se pasan mucho tiempo en el suelo comiendo hojas y bayas. Caminan a cuatro patas apoyando los nudillos en el suelo.

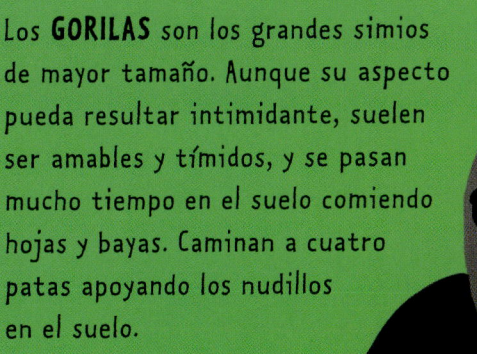

GORILA

ORANGUTÁN

Los **ORANGUTANES** viven en los bosques tropicales del sudeste asiático. Son los animales más grandes que habitan en los árboles y se mueven con gran rapidez por la cubierta forestal usando sus fuertes manos y pies.

Me encantan los abrazos.

BONOBO

Los **BONOBOS** son más o menos del mismo tamaño que los chimpancés, pero su cabeza es más pequeña y los brazos, más largos. Tienen la cara negra, labios rosados, orificios nasales anchos y pelo largo y separado por el medio en la cabeza. Les gusta tocarse, abrazarse y acicalarse entre sí como señal de amistad.

GIBONES

Los gibones, también conocidos como simios pequeños, tienen un tamaño mucho menor que los grandes simios y pasan la mayor parte del tiempo en los árboles. No construyen nidos, sino que para dormir se sientan erguidos en las ramas. Los gibones tienen unos brazos largos y usan las manos como ganchos para saltar de una rama a otra; ¡a veces superan los 50 kilómetros por hora! Se les conoce por cantar a todo volumen antes del amanecer y del atardecer para ahuyentar de su territorio a otros especímenes.

GIBÓN

PRESENTE

LOS SIMIOS SURGIERON HACE 20 MILLONES DE AÑOS

LA EVOLUCIÓN HUMANA

Los fósiles de antiguos simios nos muestran que los humanos evolucionaron a partir de esos primates en el transcurso de millones de años. El *Oreopithecus* fue un simio parecido a los humanos que vivió hace unos 8 millones de años. Como podemos ver, con el tiempo, las especies posteriores fueron evolucionando y asemejándose cada vez más a los humanos.

¡Miradme, camino sobre dos patas!

OREOPITHECUS
hace 9-7 millones de años

AUSTRALOPITHECUS AFARENSIS
hace 3,9-2,9 millones de años

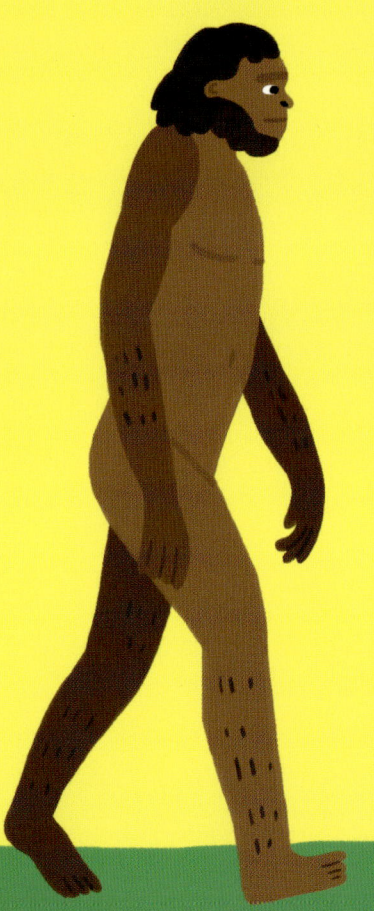

HOMO ERECTUS
hace 1,8-0,2 millones de años

HOMBRE DE SOLO
subespecie de *Homo erectus*
hace 0,5 millones de años

HOMO HEIDELBERGENSIS
hace 0,5-0,2 millones de años

PARANTHROPUS
hace 2,6-1,1 millones de años

AUSTRALOPITHECUS SEDIBA
hace 2-1,5 millones de años

HOMO NEANDERTHALENSIS
hace 0,4-0,04 millones de años

HOMO SAPIENS MODERNO

LOS PRIMEROS HUMANOS

Los homininos son el grupo de primates que incluye a los humanos, tanto extintos como modernos, y a sus antepasados inmediatos.

AUSTRALOPITHECUS AFARENSIS, que significa «simio del sur», fue un hominino primitivo que vivió en las praderas de África junto con elefantes, rinocerontes y jirafas hace entre 3,9 y 2,9 millones de años. Su aspecto era parecido al de los simios: nariz achatada, cerebro mucho más pequeño que el de los humanos modernos, brazos largos y fuertes con dedos curvos para trepar a los árboles, y el cuerpo y la cabeza recubiertos de un pelaje negro. Pero también tenían ciertas similitudes con los humanos modernos. Caminaban erguidos sobre dos patas, lo que les dejaba los brazos libres para otras tareas como cargar o lanzar objetos. Mantenerse erguido tenía ventajas adicionales, entre otras, correr rápido grandes distancias y ver por encima de la hierba para detectar cualquier peligro.

El ejemplar de *Australopithecus afarensis* más famoso es un esqueleto fosilizado llamado Lucy, nombre que se le dio por la canción de The Beatles, *Lucy in the sky with diamonds*. Medía 110 centímetros de alto, pesaba 29 kilogramos y se parecía un poco a un chimpancé.

CRONOLOGÍA

Los **NEANDERTALES** fueron unos homininos muy parecidos a los humanos modernos, pero más bajos y mucho más fuertes. Tenían un ceño muy pronunciado y una nariz grande. Habitaron las cavernas de Europa y Asia durante las glaciaciones, hace unos 300 000 años, y se protegían del frío con prendas de vestir sencillas hechas con pieles de animales.

LOS PRIMEROS HOMININOS SURGIERON HACE 3,9 MILLONES DE AÑOS

PRESENTE

HUMANOS MODERNOS

Tú, yo y cualquier otra persona que conozcas pertenecemos a un grupo de primates: los *Homo sapiens*, que significa «hombre sabio». Los humanos modernos, con un aspecto como el nuestro, surgieron en la Tierra hace unos 200 000 años.

Hace alrededor de 28 000 años, los neandertales se habían extinguido por completo y los *Homo sapiens* eran los únicos humanos que quedaban en el planeta. Comenzaron a ocupar todos y cada uno de los continentes de la Tierra. Con el tiempo, los humanos desarrollaron distintas culturas, lenguas, rituales y formas de vida. Tras millones de años de evolución, extinciones y supervivencia hemos llegado a este momento: a que tú, un primate del filo de los cordados, leas acerca de sus orígenes. Y pensar que todo comenzó con un puntito de energía más pequeño que el que pone fin a este libro.

Traducido por Pepa Arbelo

Título original: *What the dinosaurs saw*

Publicado por acuerdo con Bloomsbury Publishing Plc.

© Del texto y las ilustraciones: Kathi Burke, 2020
© De esta edición: Grupo Editorial Luis Vives, 2020

ISBN: 978-84-140-3023-3
Depósito legal: Z 618-2020

Impreso en China

Todos los derechos reservados. Cualquier forma de reproducción, distribución, comunicación pública o transformación de esta obra solo puede ser realizada con la autorización de sus titulares, salvo excepción prevista por la ley. Diríjase a CEDRO (Centro Español de Derechos Reprográficos) si necesita fotocopiar o escanear algún fragmento de esta obra (www.conlicencia.com; 91 702 19 70 / 93 272 04 47).

LA ERA DE LOS DINOSAURIOS COMENZÓ
HACE 252 MILLONES DE AÑOS

LAS PRIMERAS AVES
EVOLUCIONARON
HACE 150 MILLONES DE AÑO

LOS PRIMEROS MAMÍFEROS
EVOLUCIONARON
HACE 220 MILLONES DE AÑOS

LA EXTINCIÓN MASIVA DE LA
GRAN MORTANDAD OCURRIÓ
HACE 252 MILLONES DE AÑOS